CHRISTIAN GAUDIN

Longtemps graphiste et éditeur de bandes dessinées, de mangas et de livres illustrés, Christian Gaudin se consacre dorénavant avec éclectisme à ses propres livres et bandes dessinées humoristiques de différents styles et sous divers pseudonymes.
Sous celui de Maître Banane, il anime à chaque Japan Expo un stand fun et décalé d'initiation à la méditation zen, bien connu des fans du « Cool Japan ».
Sa collection, créée il y a vingt ans, de « Guides pour chats » mignons et pleins d'humour a été publiée en Allemagne, Espagne, Japon et Russie.
Il est aussi l'auteur avec Alejandro Jodorowsky d'un adorable *Tarot des chats*.

Retrouvez l'actualité de Christian Gaudin sur :
http://maitrebanane.blogspot.fr/

VRAI ZEN
POUR CHATS
ET POUR
LEURS MAÎTRES

DU MÊME AUTEUR
CHEZ POCKET

VRAI ZEN POUR CHATS ET POUR LEURS MAÎTRES

Avec Claire GAUDIN
MASSAGES POUR CHATS ET POUR LEURS MAÎTRES

VRAI ZEN POUR CHATS ET POUR LEURS MAÎTRES

Textes et illustrations de
Christian Gaudin

Préface de Roland Yuno Rech

Le Relié

Conception graphique de Geneviève Gauckler
Maquette et adaptation de Maître Banane

ISBN : 978-2-266-25517-2

Pour Kyo Za et les 10 000 bouddhas de la Butsu Zen Zone

PRÉFACE

Les hommes et les femmes sont des êtres sociaux qui aiment avoir un animal de compagnie.
On est souvent frappé par la ressemblance entre un chien et son maître, car on a tendance à choisir un chien qui, par quelque caractéristique, nous ressemble. On aime son semblable. Mais c'est un peu différent avec les chats. Plus indépendant que le chien, il est peu porté à imiter son propriétaire dont il connaît trop bien les défauts pour vouloir l'imiter. Ce serait plutôt à son maître de l'imiter pour son calme, sa concentration, sa liberté de comportement, sa modération alimentaire, sa prudence.
Le chat cultive volontiers l'art de ne rien faire.

Le maître zen Hyakujo à qui on avait demandé quelle sagesse il avait réalisé par son éveil, répondit : « Quand j'ai faim je mange, quand je suis fatigué je dors. »
Un chat a naturellement cette sagesse, cette nature de bouddha.

Un autre aspect de l'Éveil de Bouddha est d'être au-delà de l'alternative du choix et du rejet. Refusant de choisir un camp au milieu de moines qui se disputaient sa possession, un chat fut sacrifié par maître Joshu qui le coupa en deux pour mettre fin à la querelle.

Dans ce livre de Christian Gaudin, les chats ont tellement bien réalisé l'essence du Zen qu'on a peine à décider s'ils imitent les humains ou si ce ne sont pas finalement les humains qui les ont imités.

Quoiqu'il en soit vous lirez cet ouvrage comme une authentique initiation à la pratiquc du Zen telle qu'elle fut transmise depuis vingt-cinq siècles en Orient et depuis un demi-siècle en Occident.
Et même si cette pratique, victime du matérialisme ambiant, devait tomber en désuétude, gageons que le peuple des chats, comme les nagas autrefois, en préserve l'héritage pour les générations futures.

La Gendronnière,
le 6 août 2011

Roland Yuno Rech

Merci à Claire, Anna, Dominique, Marina, Claudie, Geneviève & Karin pour leur aide précieuse lors des versions successives de cet ouvrage ainsi qu'à Yuno, Mimi Fuki et à tous mes amis de la Sangha pour leur soutien.

Temple Zen
la chatonnière
ete 3000 .1'session
Prêts? Le petit égo va sortir.

*“Si vous essayez d’attraper
la lune dans la rivière,
vous ne pouvez pas la saisir.”*

YOKA GENGAKU

— Un chat a-t-il
la nature du Bouddha ?
— Mu.

SOMMAIRE

2 500 ANS DE ZEN, DU BOUDDHA CHAKYA-MINOU À DESHI-MIAOU

Chateries zen, croquettes zen, patées zen,
litières zen, bacs à crottes zen,
maintenant tout est zen.

Mais peu de chats connaissent
le vrai Zen.

Le Zen est né vers -500 avant Jésus-Chat, quand le prince Chakya-minou, héritier du royaume des Cha-kya, sur les contreforts de l'Himamiaou, abandonna sa vie dorée pour trouver la réponse à la souffrance et devint Bouddha, « l'Éveillé ».

Après avoir longtemps pratiqué mortifications et austérité avec cinq ascètes châ-dhus, il les a quittés pour méditer, perché dans un arbre, jusqu'à y atteindre l'Éveil. Afin de transmettre son expérience, il fit son premier enseignement à ces cinq châ-dhus qui devinrent ses premiers disciples. Il leur enseigna ce qu'il avait découvert, les Quatre Nobles Félinités, l'Octuple Chatier et la Voie du Miaoulieu.

Le Bouddha Chakya-minou était un maître, un guide, un enseignant. Il ne s'est jamais présenté comme un prophète ou le détenteur d'une vérité divine et il invitait chacun à être son propre maître : « Ne vous laissez pas guider par l'autorité des textes religieux, ni par la simple logique ou les allégations, ni par les apparences, ni par la spéculation sur les opinions, ni par la pensée que ce religieux est notre maître spirituel. »

Transmis de maître à disciple pendant des générations, son enseignement qui vise à l'abandon de l'ego, a paradoxalement donné naissance à une myriade d'écoles bouddhiques différentes, chaque Maître-chat pensant à juste titre être le meilleur.

Après quelques centaines d'années, alors que le bouddhisme périclitait en Inde, un chat-moine nommé Bodhidhar-matou, apporta avec succès à l'Empire du Miaoulieu sa forte pratique centrée sur la méditation et créa le Tchan, le Zen chinois.

Selon la légende, on doit aussi à Bodhidhar-matou la création du Monastère de Cha-olin et de ses arts martiaux.

Au XIIIe siècle, le jeune chat-moine Miaou-hei Dogen, insatisfait des multiples écoles bouddhiques ésotériques cha-ponaises, partit en Chine chercher le vrai Zen et le rapporta au Cha-pon. Le Zen y prit une forme plus stricte et plus codifiée, puis façonna au cours des siècles l'âme cha-ponaise et sa culture.

Il y a 50 ans, la pratique du Zen s'étiolant au Cha-pon, le chat-moine Deshi-miaou, considéré depuis comme le Bodhidhar-matou des temps modernes, partit vers les Terres de l'Ouest afin de planter la graine du Zen en Occident.
Quelques dizaines d'années plus tard, il y a plus de pratiquants du Zen en Europe qu'au Cha-pon.

Alors, le Zen qu'est-ce que c'est ?
Une religion ?
Une philosophie ?
Une technique de bien-être ?
Une école de concentration ?

C'est comme vous voulez…

… mais si vous voulez vraiment savoir,
essayez par vous-même.

DO.
LA VOIE.

— Vous vous demandez
ce qu'est le vrai Zen ?

Pas compliqué…

Le Zen
c'est
Zazen.

— ET ZAZEN, C'EST S'ASSEOIR ... SIMPLEMENT S'ASSEOIR.

Le Zen n'est pas une idée, une théorie,
une religion exotique, c'est une pratique très simple.
Za : s'asseoir sans bouger.
Zen : se comprendre soi-même.

— Zazen, l'assise juste.

"Si quelqu'un demande ce qu'est le vrai Zen,
il n'est pas nécessaire que vous ouvriez la bouche
pour l'expliquer. Montrez tous les aspects
de votre posture de Zazen…

… alors le vent du printemps se lèvera
et fera éclore la merveilleuse fleur du prunier."

DAICHI SOKEI

— D'abord,
pour bien s'asseoir,
prendre un zafu.
(prononcer za-fou)

Un simple coussin rond en coton,
bien bourré avec du kapok,
une fibre végétale bien connue
des cruciverbistes zen…

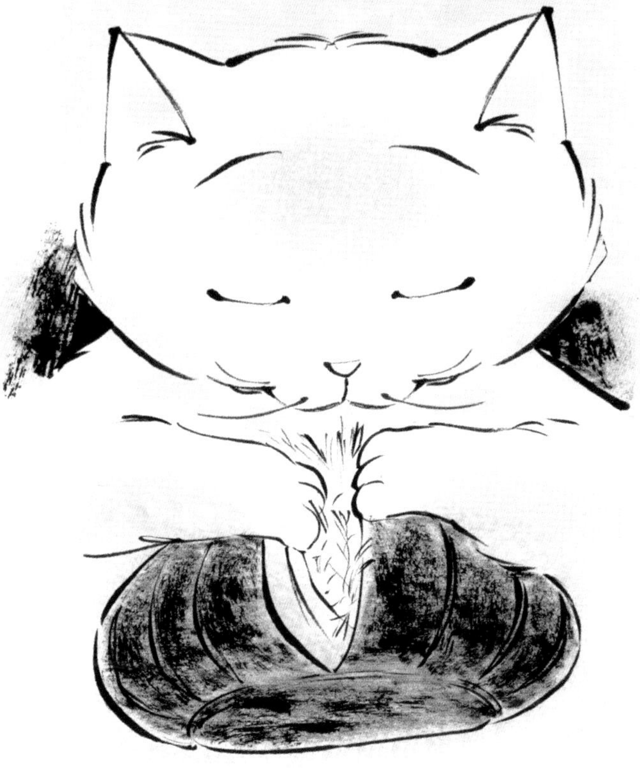

LA POSTURE

— Le zafu permet de s'asseoir pattes croisées, le bassin basculé vers l'avant, l'anus tourné vers le soleil, tout en appuyant fortement le sol avec les genoux.

Ainsi la colonne vertébrale se redresse, on pousse le ciel avec la tête, et la terre avec les pattes. Le menton est rentré, la nuque est droite, les yeux baissés, le regard est simplement posé devant soi. Le bout de la langue se place à l'avant du palais, les épaules se relâchent et la queue reste immobile dans l'axe de la colonne.

La patte gauche
est posée sur la patte droite,
les coussinets tournés vers le ciel.
Les pouces se touchent aux extrémités
et sont dans le prolongement
l'un de l'autre, à l'horizontale.

Ni montagnes,
ni vallées.

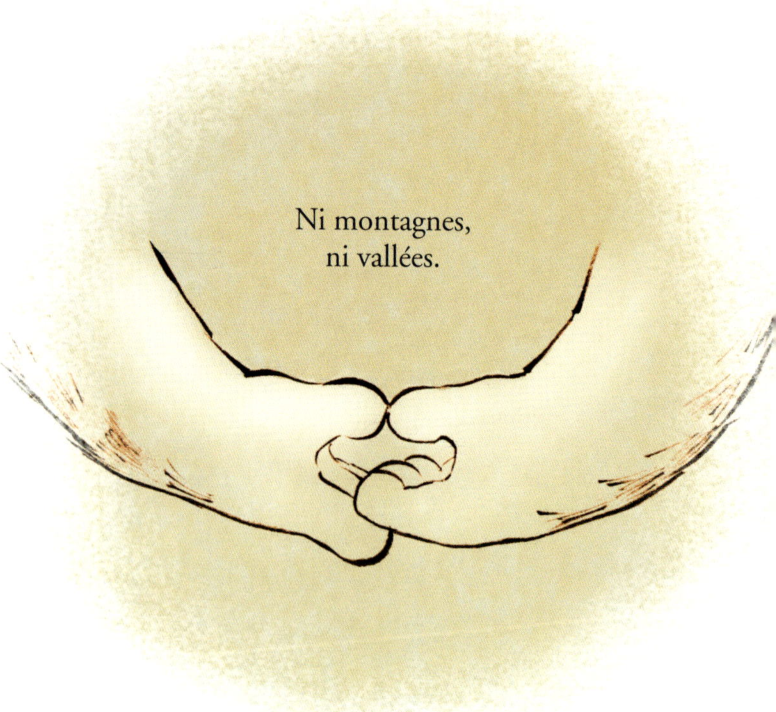

Les deux papattes posées sur les cuisses sont en contact avec l'abdomen. Totalement immobile jusqu'au bout des moustaches grâce à la grande stabilité de la posture, le chat zen se concentre sur l'expiration.

LA RESPIRATION

Pendant Zazen, la concentration sur la respiration est fondamentale. Elle unifie le corps et l'esprit et évite de rester accroché à ses pensées.
L'esprit devient calme, tranquille, enfin…
plus ou moins longtemps…

Inspiration courte.
Expiration longue.
En fin d'expiration on pousse vers le bas
sur les intestins, au niveau du Kikaï Tanden,
« l'Océan de l'Énergie ».
La respiration reste lente, puissante, naturelle…
… alors seulement on pourra être « respiré »
par l'univers entier.

— Laissez passer vos pensées comme des nuages dans le ciel.

DANS LE DOJO

Les chats pénètrent dans le dojo de la patte gauche, font Gassho et rejoignent leur place en suivant une route invisible à travers le dojo. L'attention est totale.

Après avoir salué à nouveau,
les chats s'assoient en ligne face
au mur, droits sur leurs zafus.

Le godo* entre…

*gardien du dojo

… pas bouger.

— Cette statue en bois, on peut la brûler, mais je me prosterne chaque jour devant elle. Ce n'est pas une divinité que je salue, c'est la posture assise, c'est Zazen.

GASSHO

Le geste du respect envers tous les êtres et de l'unité de l'esprit

On joint les pattes devant soi, coussinets contre coussinets, avant de s'incliner.

LE DOJO

Le lieu de la Voie

Nul ne peut voir son dos, aussi on ne peut corriger sa posture seul. C'est pourquoi les chats pratiquent Zazen dans le dojo en harmonie avec les autres chats.

— Suivre les règles au dojo, c’est suivre la Voie dans une atmosphère forte et harmonieuse.

SESSHIN
Période de pratique intensive de Zazen

— Toucher
son propre
esprit.

"Le Zen consiste à faire un effort, à devenir intime avec soi-même. Pour voir ce que nous sommes, il n'y a pas meilleur moyen que Zazen."

KODO SAWAKI

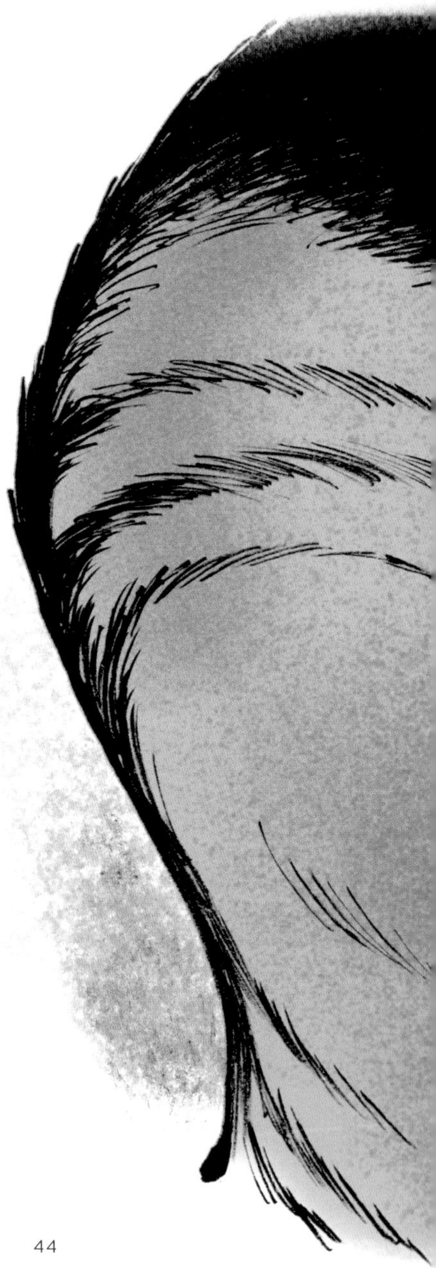

KIN-HIN

La marche zen

On se dégourdit les papattes
tout en continuant Zazen.

Pouce gauche à l'intérieur du poing gauche.
Racine du pouce contre le plexus solaire.
Patte droite sur patte gauche.
Épaules détendues.
Dos droit, menton rentré, nuque tendue,
queue dans l'axe.
Expiration longue, profonde, en poussant
avec le ventre.
On avance d'un demi-pas sur l'inspiration
quand le corps se détend.

LE KYOSAKU

ou bâton d'éveil

— Endormi ? Préoccupé ? Énervé ? N'hésitez pas ! Faites Gassho et demandez à votre kyosakucat un bon coup de bâton d'éveil ! Appliqué avec vigueur mais toujours avec compassion, sur une zone traversée par de nombreux méridiens d'énergie, le kyosaku vous aidera à penser du tréfonds de la non-pensée… Chaleur et fraîcheur…

Wack Wack
Wack Wack

KUSEN

Ku : la bouche. Sen : l'enseignement.

— Ne bougez plus.
Votre esprit est comme un vase plein d'eau trouble.
Laissez la boue se déposer au fond du vase.

— Quand un chat
devient véritablement chat,
il devient Bouddha.

— Même si un seul chat
fait Zazen, il influence le
monde entier.

HANNYA SHINGYO

— Je vous ai fait faire vingt minutes de plus. C'est un cadeau. Un cadeau invisible, venu du cœur. Restez patients pendant ces derniers instants. Aujourd'hui est un beau jour…

Le sûtra de la Grande Sagesse, ou sûtra du Cœur, est le plus célèbre du Zen et des écoles du Grand Véhicule mais est aussi partagé par de nombreuses autres branches bouddhiques. C'est une conversation entre le Bouddha Chakya-minou et un disciple. L'Éveillé lui explique la nature de la réalité et de l'éveil : lorsqu'on pratique la profonde sagesse, on voit alors que les formes ne sont pas différentes du vide et vice versa, que la nature profonde du réel n'est pas ce que créent nos sens ni ce qu'en fait notre esprit et qu'il n'y a rien à obtenir. Il y a juste à aller, tous ensemble par cette pratique, « au-delà du par-delà », à l'Éveil, au Nirvana.

摩訶般若波羅蜜多心経
觀自在菩薩行深般若波羅蜜多時照見五
蘊皆空度一切苦厄舎利子色不異空空不
異色色即是空空即是色受想行識亦復如
是舎利子是諸法空相不生不滅不垢不淨
不増不減是故空中無色無受想行識無眼
耳鼻舌身意無色聲香味觸法無眼界乃至
無意識界無無明亦無無明盡乃至無老死
亦無老死盡無苦集滅道無智亦無得以無
所得故菩提薩埵依般若波羅蜜多故心無
罣礙無罣礙故無有恐怖遠離一切顛倒夢
想究竟涅槃三世諸佛依般若波羅蜜多故
得阿耨多羅三藐三菩提故知般若波羅蜜
多是大神呪是大明呪是無上呪是無等等
呪能除一切苦真實不虚故説般若波羅蜜
多呪即説呪曰
羯諦羯諦 波羅羯諦 波羅僧羯諦 菩提薩婆訶
般若心経

SANPAI

Trois prosternations

Après Zazen, maître et disciples se prosternent ensemble et deviennent Un.

Alors le chat abandonne son ego
et revient à la terre.

“Aller aller aller
ensemble
au-delà du par-delà
sur la voie du Satori.”

EXTRAIT DE
L’HANNYA
SHINGYO

LES SONS DU ZEN

Pendant une sesshin, les sons accompagnent chaque activité des chats zen. Toute la journée, bruits de la nature et cloches, silence et sons, pénètrent l'esprit sans le perturber.

LE MÉTAL
Le métal résonne.
Le bois répond.

LE BOIS
Il appelle les chats zen au dojo par une suite de coups de plus en plus rapides.

LE BONSHO
La grosse cloche sonne régulièrement pendant Zazen pour faciliter le lâcher-prise.

LE TAIKO
Le tambour annonce la fin du Zazen. On est prié de fermer les fenêtres…

LE MOKUGYO
Ce curieux poisson en bois rythme le sûtra de la Grande Sagesse, chanté à la fin du Zazen.

LES CLOCHES

"Le son de la cloche
Quand il quitte la cloche —
Fraîcheur !"

BUSON

MONDO
Questions & réponses

Pendant le Mondo, le chat disciple questionne le maître…

… alors la réponse va souvent plus loin que la question.

— Heu… quelle est
l'essence du Zen ?
— As-tu mangé ce matin ?
— Ben… oui.
— Alors…
— …va laver ton écuelle.

NUIT DE ZAZEN

Régulièrement, les chats du dojo de Paname font une nuit de Zazen pour tous les êtres mais aussi pour l'un ou l'autre chat de la Sangha, disparu dans la Voie.

— Le Zen n'est pas comparable à de la morue séchée, du saumon fumé, ou du fish-burger, il est comme un poisson vivant qui nage dans la Seine.

Chaque été, les chats zen se retrouvent au Château de la Non-Peur pour pratiquer Zazen de façon approfondie comme à l'époque du Bouddha Chakya-minou.

Prairies, étangs, forêts, tout concourt à créer une atmosphère calme et forte, propice à la pratique de Zazen dans les arbres.

"Un chat errant
Sur les genoux d'un bouddha
Dort."
ISSA

ANGO

Le camp d'été ou demeurer dans la tranquillité

GYOJI
Répéter la pratique

*“Assis, debout
dans mon ermitage de
verdure, quoi que je fasse,
je n’ai qu’une prière :
avant moi, faire passer tous les êtres.”*

DOGEN KIGEN

LE CŒUR DU ZEN

Le Zen est au-delà des mots.
Il ne peut être compris par la pensée logique mais par le regard intérieur.

— Rien compris…
Sensei n'a pas dit
un mot mais il
nous a montré
cette fleur…

Le chat regarde la fleur,
la fleur sourit.

I SHIN DEN SHIN

De mon âme à ton âme

— Quelle était la couleur de ton pelage avant la naissance de tes parents ?

"Le Zen est une transmission spéciale en dehors des textes, indépendante du mot et de la lettre, montrant directement le cœur de l'Être : saisir sa propre nature et devenir Bouddha."

BODHIDHARMA

LE TRÉSOR DU MIROIR

“Ne le cherchez nulle part,
ou il vous échappera.
Maintenant je suis seul et le rencontre partout.
Ici et maintenant il est moi,
ici et maintenant je ne suis pas lui.
Ce n’est qu’ainsi.”
TOZAN RYOKAI

“Le jeune chat
Qui ne sait que l’automne est venu
Est un bouddha.”
ISSA

SHIKI SOKU ZE KU, KU SOKU ZE SHIKI

La Forme est le Vide, le Vide est la Forme

— Les branches
bougent.
— Non.
C'est la brise.

— C'est votre esprit
qui bouge !

SHIKANTAZA
Seulement s'asseoir

Après la souffrance vient le plaisir et après le plaisir vient la souffrance. Pourquoi courir dans tous les sens à fuir l'un et à poursuivre l'autre ? C'est ainsi que se comporte le commun des chats, alors que le plus grand bonheur est justement de ne pas bouger d'un poil…

“Solitude hivernale
Il est une chose
Que j'aimerais demander à Shakyamuni.”
SHIKI

KU
Le vide

— L'année dernière
un chat stupide,
cette année,
aucun changement…

"Comme l'un de nous
Le chat est là
Prenant congé de l'an."
ISSA

BONNO
Illusions

"Dans le temple de montagne
Avec la permission du fondateur
Les chats en chaleur."

ISSA

— Partager la voie pour deux chats n'est pas suffisant pour rester ensemble, ils doivent aussi partager les mêmes illusions.

BONNO SOKU BODAI

Les illusions deviennent Satori

— Vieux matou, je ne suis pas ta mère et je pourrais être ta fille, alors lâche-moi le rakusu !

— Aaaaah, c'est ce qu'elles me disent toutes…

“Le vieil étang
Une barque qui coule
Avec mes bonnos.”
KOKON

L'ENSEIGNEMENT ZEN

...

« De toute façon,
je ne peux vous éduquer
car en définitive vous devez comprendre
par vous-même. »

FUYO DOKAÏ

Pour plus d'informations sur la pratique du Zen :
Association Zen Internationale Taisen Deshimaru
http://www.zen-azi.org/
Association Bouddhiste Zen d'Europe
http://www.abzen.eu/

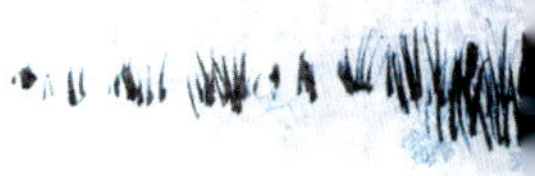

Imprimer en France par
I.M.E. by Estimprim
en mars 2015

POCKET – 12 avenue d'Italie – 75627 Paris Cedex 13

Dépot légal : mars 2015
S25517/01